MÉMOIRE

POUR

LES SYNDICS ET HABITANS

DE SALANCY,

CONTRE LE SIEUR DANRÉ,

SEIGNEUR DE SALANCY.

MÉMOIRE

POUR les Syndics & Habitans de Salancy ;

CONTRE le Sieur DANRÉ*, Seigneur de Salancy.*

DANS le temps où les journaux ou les papiers publics annoncent avec le plus grand éloge la fête de la Roſe ; tandis que la peinture en fixe la pompe ſous nos regards enchantés ; pendant que nos théâtres retentiſſent des applaudiſſemenes donnés à cette inſtitution ſi pure, qui pourroit croire que le ſeigneur de Salancy voulût l'altérer & en détruire l'heureux effet ? . . .

Toi, qui as peint avec des couleurs ſi

aimables les vertus du premier âge, Fenelon prête-moi ta plume, que je puiſſe décrire avec le charme de ton ſtyle, cette fête qui a rendu ſi celèbre un petit village de la France. Jamais l'antiquité n'offrit rien de plus reſpectable ni de plus impoſant : non, la ſageſſe n'eſt point encore bannie de deſſus la terre. Il exiſte un lieu où elle eſt couronnée. Pourquoi faut-il que ce lieu ne ſoit qu'un village ?

A une demi-lieue de Noyon eſt un petit bourg, que l'on nomme Salancy. Ses habitans, différens de nos groſſiers villageois, ont conſervé juſqu'à préſent, la touchante ſimplicité des campagnes. Ce ne ſont point des mercenaires, eſclaves d'un riche fermier & avilis par l'indigence. Tous goûtent les douceurs de la propriété : chacun d'eux attaché à la portion de terre qui lui appartient, la cultive en paix. Les mœurs à Lacédémone n'étoient pas plus pures que ne le ſont celles des Salanciens. L'époux chérit ſa compagne, ſoulage la vieilleſſe de ſon pere, & a l'œil toujours ouvert ſur ſes enfans.

Le cultivateur, heureux de son sort, ne cherche point à perdre avec sa raison le souvenir de ses peines ; les garçons aspirent tous au bonheur d'épouser la fille vertueuse qui sera couronnée, & pas un d'eux ne projette de séduire les jeunes villageoises, qui ne connoissent que l'amitié & les jeux de l'innocence.

Une simple couronne de rose accordée tous les ans à la sagesse, a préservé jusqu'à présent ces heureux habitans de la corruption presque universelle.

Saint Medard, évêque de Noyon, & seigneur de Salancy, qui vivoit du temps de Clovis, voulut que tous les ans on donnât un chapeau de rose & une somme de vingt-cinq livres à celle des filles de sa terre, qui seroit reconnue par les habitans pour être la plus vertueuse : il détacha de ses domaines plusieurs arpens de terre, qui forment aujourd'hui ce que l'on nomme *le fief de la Rose*, & en affecta le revenu au payement des vingt-cinq livres & aux frais du couronnement.

Ce ſaint Prélat eut le bonheur d'entendre la voix publique proclamer *Roſiere* l'une de ſes ſœurs, & de lui donner lui-même le prix glorieux de ſa ſageſſe. On voit encore un tableau placé au-deſſus de l'autel de la chapelle de ſaint Médard, où cet éveque eſt repréſenté en habits pontificaux, poſant la couronne de roſe ſur la tête de ſa ſœur, qui eſt à genoux & coeffée en cheveux.

Depuis ce temps la couronne de roſe a toujours été la récompenſe de la plus ſage Salancienne; toutes ont aſpiré à l'honneur de la recevoir.

Outre l'avantage qu'elles retirent d'un témoignage ſi public de leur vertu, elles ont encore celui de trouver preſque toujours un époux dans l'année de leur couronnement. Et quel homme ne s'eſtimeroit pas heureux d'unir ſa deſtinée à celle d'une fille qui auroit été reconnue par tous les habitans du lieu où elle a reçu le jour, pour être la plus modeſte, la plus attachée à ſes devoirs, la plus reſpectueuſe envers ſes parens, & la plus douce avec ſes compagnes ?

Mais il ne faut pas ſeulement qu'elle ait ces excellentes qualités, on exige encore que ſa famille ſoit ſans reproche ; de ſorte que la Roſiere, en obtenant le prix de ſa vertu, reçoit celui de l'honnêteté de tous ſes parens. C'eſt toute une famille qui eſt couronnée ſur la tête d'un de ſes jeunes rejettons. Il n'y a peut-être pas de nobleſſe qui puiſſe être comparée à celle-là.

Un mois avant le jour de la cérémonie, les habitans de Salancy doivent s'aſſembler pour nommer, en préſence des officiers de la Juſtice, trois filles dignes de la roſe, & vont enſuite les préſenter au ſeigneur, qui choiſit celle des trois qu'il lui plaît de faire couronner. Le dimanche ſuivant, le Curé annonce à tous ſes paroiſſiens quelle eſt la fille qui a été nommée *Roſiere*. Le ſilence de ſes jeunes rivales, juſqu'au jour de ſon couronnement, acheve de prouver qu'elle en eſt digne. Il réſulte de ce réglement que ni le ſeigneur, ni les habitans de Salancy, ne ſont préciſément les maîtres de faire tomber le choix ſur celle qu'il leur plairoit de faire couronner. Ce ſont deux pouvoirs très-heureuſement combinés, qui concourent, ſans ſe nuire, au but de l'inſtitution. Tous les peres de familles ſont intéreſſés à être juſtes dans la préſentation des trois filles, & la faveur du ſeigneur ne peut récompenſer que la ſageſſe.

Le jour de ſaint Médard, l'après-midi, la Roſiere, dans les habillemens de l'innocence, les cheveux flotants en longues boucles, s'avance au ſon des inſtrumens vers le château; elle eſt ſuivie de douze jeunes filles, qui ſont vêtues de blanc comme elle & menées par douze Salanciens. Le ſeigneur la reçoit dans ſes appartemens.

Lorſque les vêpres commencent à ſonner, le ſeigneur donne la main à la Roſiere & la conduit à l'Egliſe avec ſon cortege jusqu'à un prie-dieu, placé au milieu du chœur pour la recevoir. Les jeunes filles & les garçons se rangent à ses côtés & entendent l'office. Après les vêpres, le clergé se rend en procession à la chapelle de saint Médard; la Rosiere le suit, menée par le seigneur, & marchant toujours dans le même ordre; l'officiant, après quelques prieres, fait sur l'autel la bénédiction du chapeau de rose, qui est garni d'un large ruban bleu à bouts flotants & orné d'un anneau d'argent; depuis que Louis XIII daigna, à la priere de M. de Belloy, seigneur de Salancy, faire donner à la Rosiere la couronne en son nom: ce fut M. le marquis de Gordes, son premier capitaine des gardes, qui apporta à la sage Salancienne, de la part de Sa Majesté, un cordon bleu & une bague d'argent.

Le curé, ou celui qui officie pour lui, avant de placer la couronne sur la tête de la jeune fille, adresse ordinairement un discours à l'assemblée. Quel sujet plus heureux ! ce chapeau de rose qu'il tient ; cette jeune fille dont la vertu va honorer toute une famille ; la joie du vieillard, qui mourra content après avoir vu son dernier rejeton couronné ; ces douze compagnes dont les yeux sont attachés sur la Rosiere, qu'ils regardent dans ce jour comme leur reine ; cette foule d'étrangers, qui est accouru de loin, pour rendre à la sagesse un hommage plus éclatant : Quelle source d'éloquence !

Après l'office la Rosiere est conduite sur *une piece de terre*, où les vassaux lui offrent des présens champêtres, sans doute pour marqu[illegible] que la ve[illegible] la souveraine du [illegible] que to[illegible] hommes devroient vivre sous son empire.

En 1766, M. le Pelletier de Morfontaine, intendant de Soissons, s'arrêta, en parcourant sa généralité, à Salancy ; le bailli, à la réquisition des habitans, le pria de vouloir donner le chapeau de rose à la fille choisie par le seigneur.

Cet intendant se fit non-seulement un

plaiſir de conduire la vertueuſe Salancienne à l'autel : il eut encore la généroſité de la doter de quarante écus de rente, reverſible, après ſa mort, en faveur *de toutes les Roſieres*, qui en jouiront chacune pendant une année.

Le marquis & la marquiſe de Genlis, le comte de Genlis & la dame ſon épouſe, le marquis de Chabrillant, M. de Vichi, & pluſieurs autres perſonnes de diſtinction, honorerent cette fête de leur préſence, & goûterent une joie bien douce à la vue d'un ſpectacle qui eſt fait pour intéreſſer toutes les ames honnêtes.

Par quelle froide inſenſibilité le ſeigneur de Salancy marque-t-il donc aujourd'hui tant de dédain pour une inſtitution ſi reſpectable ? Ne devroit-il pas au contraire en être le protecteur, la conſerver dans toute ſa pureté ? C'eſt par la fête de la roſe que ſa terre eſt connue de toute la France. Hélas ! quel ravage il a déja fait dans ce ſéjour autrefois ſi heureux ! ſon humeur proceſſive y a ſoufflé le trouble. Il traîne les paiſibles Salanciens de tribunaux en tribunaux ; il les enlève à leurs travaux ruſtiques & les force d'aller ſolliciter des juges, eux qui n'ont jamais ſollicité que le Dieu des campagnes.

Le ſieur Danré, jaloux du droit que ſes habitans ont de nommer dans leur aſſemblée les trois filles, dignes de la roſe, & de les lui préſenter, a voulu leur enlever le précieux avantage de juger la vertu & de concourir à l'honorer. Malheureuſement il trouva, en 1773, un ſyndic aſſez vil pour entrer dans ſes vues. Cet homme, qui a été deſtitué depuis par ordre de l'intendant, refuſa de convoquer l'aſſemblée des habitans à l'époque où ils ſe réuniſſent pour nommer les trois Salanciennes qui doivent être préſentées. Le ſieur Danré profitant de leur inaction involontaire, au lieu de ſe renfermer dans les limites de ſon pouvoir, de faire ſommer ſes vaſſaux de s'aſſembler & de lui préſenter les trois filles qu'ils auroient choiſies, prit ſur lui de nommer *Roſiere* la fille d'un de ſes habitans, ſans qu'il y ait eu ni aſſemblée, ni élection, ni préſentation.

Et pour ſoutenir ſon injuſtice, il appella encore la violence & l'épouvante à ſon ſecours : il fit placer à la porte de la chapelle de ſaint Médard des cavaliers de maréchauſſée, qui en interdirent l'entrée aux habitans & les repouſſerent avec brutalité, comme pour leur enlever juſqu'à la vue du couronnement. . . . . Qu'on ſe peigne la douleur de ces honnêtes Salanciens, juſqu'alors accoutumés à ſuivre, à porter en triomphe leur Roſiere chérie, en ſe voyant rejettés indignement de ſa préſence par des hommes armés, en ſe ſentant repouſſés avec mépris par leur Seigneur dans la foule des étrangers, qui ſemblent n'être accourus de ſi loin que pour être les témoins de leur humiliation.

Les habitans de Salancy comprirent que leur privilége alloit s'évanouir s'ils ne ſe hâtoient pas de proteſter contre l'élection de cette Rosiere, qu'ils n'avoient ni nommée, ni présentée, & de faire valoir le droit qu'ils avoient d'entrer dans la chapelle où se fait la cérémonie du couronnement.

Le seigneur, qui ne s'attendoit pas à cette juste réclamation, différa longtemps de répondre à la sommation que lui firent ses habitans de déclarer s'il *entendoit tirer avantage de l'élection qu'il avoit faite à leur insçu.* Ils obtinrent au bailliage royal de Chaulni une sentence par défaut.

Le sieur Danré y forma opposition. La cause s'engagea, & les avocats des parties développerent leurs moyens en présence du ministère public.

Celui du seigneur soutint » que de tout » temps il avoit le droit de choisir & de » nommer, sans le concours des habitans, » celle des filles de son village qu'il croyoit » la plus digne de recevoir le chapeau de » rose; que ce n'étoit que par condescen- » dance & depuis 1766, qu'il avoit con-

» senti qu'en présence de ses officiers, ils » choisissent trois filles dont ils lui donneroient les noms.

Il osa jetter du ridicule sur l'importance que les Salanciens vouloient donner à la fête de la rose, & sur la pompe dont ils prétendoient l'accompagner.

Il qualifia *d'idées chimériques & romanesques* le vertueux enthousiasme de ces honnêtes habitans, pour une institution qui a fixé parmi eux la sagesse que l'on ne rencontre déja plus au village où elle s'étoit réfugiée après avoir disparu des villes.

Il prétendit » que le procès-verbal dressé » par les officiers de la justice de Salancy, » lorsque l'intendant conduisit la rosiere, *étoit le seul titre qui fît loi*; & parce que ce procès-verbal porte qu'après la bénédiction du chapeau de rose, la fille à genoux reçût des seigneur & dame la couronne; il en conclut *que c'étoit à lui & non à l'officiant à la poser sur la tête de la Rosiere.*

Mais l'avocat du Roi qui porta la parole dans cette cause, fit observer qu'on lisoit dans le même procès-verbal, que *l'officiant bénissoit & mettoit le chapeau de rose sur la tête de la jeune fille* qui avoit été choisie par le Seigneur, & que par conséquent, si l'intendant avoit en 1766, effectivement donné le chapeau à la Rosiere, on devoit regarder cette espece de couronnement comme un égard extraordinaire que la reconnoissance avoit cru devoir à sa générosité; enfin comme une exception à la regle, à l'usage ancien constaté par le tableau où Saint Médard est représenté en habits pontificaux mettant une couronne de rose sur la tête de sa sœur.

Le lieutenant général de Chaulny, après avoir entendu les moyens des parties, rendit le 19 Mai dernier, sur les conclusions du ministere public, une sentence dont les dispositions sont si sages, que le seigneur de Salancy crut d'abord devoir y acquiescer; les avocats requirent respectivement acte *de ce que l'un & l'autre adhéroit au réglement provisoire* prononcé à l'audience; *ce qui leur fut accordé.*

Cependant le ſeigneur de Salancy, par une inconſéquence qui eſt égale à ſon injuſtice, vient d'interjetter appel de cette ſentence. Les habitans pourroient lui oppoſer *la fin de non-recevoir* qui réſulte de l'acquieſcement dont il lui a été donné acte de même qu'aux habitans ; mais ils veulent bien le combattre avec les armes du raiſonnement.

Profitons de la ſupériorité de notre cauſe, & épargnons à nos lecteurs l'ennui d'une défenſe trop aride. Après avoit fait paſſer devant leur imagination les modeſtes Salanciennes couronnées de fleurs, marchant au ſon des inſtrumens, & ſuivies de jeunes garçons qui s'empreſſent autour d'elles, ne les attriſtons pas de l'obſcure jargon des plaideurs ; ah ! combien le récit des fêtes villageoiſes & la vue des campagnes ſont préférables au ſombre palais de Thémis !

Mais voila deja le ſeigneur de Salancy qui, emporté par ſon goût proceſſif, y pénetre, y fait entendre ſa voix ; il répete ce qu'il a dit devant le 1er juge, que ce n'eſt que par tolérance, & depuis 1767, que ſes habitans ſe ſont aſſemblés pour choiſir trois filles, & qu'ils les lui ont préſentées.

Prenons le procès-verbal de 1767, & liſons-lui, d'une maniere bien intelligible, le paſſage ſuivant qui va le confondre.

» Sur la réquiſition qui nous a été faite par » *Martin Carbonnier*, ſyndic en exercice de » la paroiſſe de S. Médard de Salancy, & » par les habitans aſſemblés duement con- » voqués Dimanche dernier à la principale » porte & entrée de l'égliſe, iſſue de la » meſſe paroiſſiale, au ſon de la cloche, *en* » *la maniere accoutumée*, de nous trouver à » l'auditoire ordinaire, jour & heure du » plaid, à l'effet par ledit ſyndic & habi- » tans de procéder pardevant nous, *ſui-* » *vant l'uſage, à la nomination de trois* » *filles natives du Lieu*, & d'une conduite » irréprochable, pour être préſentées à meſ- » ſire Charles-François Danré, ſeigneur » dudit Salancy, pour être par lui nommé » à ſon choix l'une des trois pour rece-

» voir

r voir la rôse le jour de Saint Médard.

Cet article eſt-il aſſez clair ? prouve-t-il aſſez évidemment, qu'en 1767, ce fut *en la maniere accoutumée & ſuivant l'uſage*, & non pas *ſelon ſa tolérance*, que les habitans lui préſenterent trois filles pour qu'il nommât celle à laquelle il vouloit que la roſe fût donnée ?

Qu'importe au ſeigneur de Salancy le lieu où les habitans s'aſſembleront, pourvu que ce lieu ſoit indiqué par les officiers de Juſtice ? Cependant il ſe plaint de ce que la ſentence ne porte pas que l'aſſemblée *ſe tiendra dans la ſalle de l'auditoire*.

Mais faut-il apprendre au ſeigneur de Salancy qu'il n'y a point dans ſa terre d'autre ſalle d'audience que ſa ſalle même ? eſt-il raiſonnable d'exiger que des habitans s'aſſemblent chez leur ſeigneur pour donner leur avis relativement à une préſentation qui doit lui être faite ? Ce ſeroit détruire la liberté des ſuffrages.

Nous nous traînons avec peine ſur les

triſtes & inſipides *griefs* du ſeigneur de Salancy ; la ſentence porte qu'il ſera délivré dans le jour une expédition du procès-verbal d'aſſemblée. Il ſoutient que cela eſt impoſſible, parce qu'il eſt d'uſage que la minute ait paſſé au contrôle. Où eſt la néceſſité qu'un procès-verbal qui ſe fait en forme de jugement ſoit contrôlé ? La ſentence ne l'exige pas.

Mais voici une objection bien plus biſare ; ſelon lui la ſentence n'a pas dû juger que dans le cas où ni lui ou ſes officiers prépoſés refuſeroient de nommer la Roſiere, les habitans ſur ſon refus en feroient la nomination.

Ainſi il ne tient qu'à lui que la fête de la roſe ſoit anéantie, que la vertu préſentée ſoit privée de ſon ornement ; il eſt le maître de ne pas donner les 25 livres qu'il doit tous les ans à l'une des ſages Salanciennes, quoiqu'une portion de ſa terre ſoit affectée au paiement de cette ſomme devenue ſi modique de nos jours....

Le ſeigneur de Salancy ſemble craindre

que la cérémonie du couronnement ne ſoit trop éclatante, il s'oppoſe à tout ce qui peut lui donner quelque célébrité, il ne veut pas que la nomination de la Roſiere *ſoit annoncée au prône;* que le jour du couronnement, *elle ſoit accompagnée de violons & de tambours.*

Quel homme que ce ſeigneur de Salancy! comme il aime le ſilence! Il faut pour lui plaire que ſon Curé ne parle pas, que les violons ne jouent point, que les tambours ne faſſent pas de bruit.

Il prétend.... ici la plume tombe de notre main; nous rougiſſons pour le ſieur Danré.... Le dirons-nous? il prétend que la dépenſe du chapeau de roſe, du ruban & de la bague d'argent *doit être priſe ſur les 25 livres dues par le ſeigneur.* M. le Pelletier, lorſqu'en 1766 vous eûtes la généroſité d'aſſurer cent vingt livres de rente à la Roſiere que vous conduiſîtes à l'autel dans l'abſence du ſeigneur de Salancy, auriez-vous pu croire que ce même ſeigneur voudroit un jour retrancher ſur les 25 livres qu'il eſt obligé de donner à la fille la plus ſage de ſon village, le prix d'un bouquet de roſe & celui d'un ruban bleu ? . . Mais on ne lui demande point de grace. Qu'il abandonne tous les ans à la Roſiere le produit *du fief de la roſe*, & on ne l'inquiétera ni pour les 25 livres ni pour les frais du couronnement.

L'article 10 de la ſentence porte que la Roſiere ſera conduite par le ſeigneur en perſonne, & en ſon abſence ou refus, par telle autre perſonne qu'il plaira *à ladite Roſiere choiſir*.

Le ſieur Danré ſoutient que la Roſiere ne peut être conduite que par celui qu'il nomme à ſa place ; ainſi dans le cas où, par une ſuite du mépris dont il paroît pénétré pour la fête de la roſe, il lui plairoit de donner à la Roſiere un de ſes laquais pour écuyer, elle ſeroit obligé de prendre la main ſervile qui lui ſeroit offerte.....

Elle auroit d'autant plus lieu d'appréhender cette humiliation, qu'il n'y a pas jusqu'au bailli de Salancy qui, voulant *singer* son seigneur, ne se donne les airs de dédaigner la cérémonie de la rose; au lieu d'y assister en robe, comme ses fonctions l'exigeroient, il s'y montre sous les dehors les plus indécens. Il n'y a personne qui, le voyant l'année derniere à l'Eglise, botté, éperonné, armé d'un fouet, & repoussant la foule, ne l'eût pris pour un piqueur, qui s'étoit détourné un instant pour venir voir une jeune villageoise qu'on alloit couronner.

Le seigneur de Salancy qui trouve qu'un chapeau de rose est trop cher pour ne le pas faire payer à celle qui le reçoit, veut le mettre lui-même sur la tête de la Rosiere; il s'appuye toujours sur ce que M. le Pelletier a, suivant le procès verbal de 1766, posé la couronne sur la tête de celle qu'il a conduite à l'autel. Mais qu'y a-t-il de commun entre l'homme généreux, qui assure noblement cent vingt livres de rente, qu'il ne doit pas, à une ſage Salancienne qu'on lui préſente, & le ſeigneur de Salancy, qui refuſe de donner à celle qu'il a choiſie un anneau d'argent & un ruban bleu, *quoiqu'il y ſoit obligé?* Au ſurplus, on a déja rapporté le paſſage du même procès verbal qui conſtate *que c'eſt l'officiant qui benit & met le chapeau ſur la tête de la Roſiere.* Tant que le ſieur Danré ne ſera pas l'officiant, il ne benira ni ne mettra le chapeau ſur la tête de la Roſiere.

Nous avons détruit, pulvériſé tous les moyens du ſeigneur de Salancy. Puiſſe-t-il à la lecture de notre mémoire rougir de ſes torts & en éviter la publicité!

Pour nous, ſi après avoir préſenté dans toute ſa ſageſſe une inſtitution auſſi précieuſe que celle de la fête de la roſe, il nous reſtoit un vœu à faire, nous l'adreſſerions au jeune Monarque qui vient d'être porté ſur le trône, nous le conjurerions de jetter ſes regards ſur les habitans des campagnes, dont le bonheur doit être cher à son cœur. Nous lui dirions : vos augustes prédécesseurs ont répandu leurs faveurs dans les cités, ils ont protégé les lettres, encouragé les beaux arts, récompensé l'industrie, mais ils ont oublié que les cultivateurs étoient aussi leurs sujets.

Les spectacles, les jeux, les honneurs ont été fixés dans les villes ; la peine, l'ennui, l'humiliation ont été rejettés dans les villages.

Daignez, ô jeune prince, espoir de la France ! daignez étendre vos soins paternels sur cette portion d'hommes qui, dans la guerre défend l'état, & le nourrit pendant la paix.

Monsieur DE VERGES, *avocat général.*

Me DELACROIX, Avocat.

A PARIS, chez P. G. SIMON, Imprimeur du Parlement, *rue Mignon Saint André-des-Arcs*, 1774.

www.ingramcontent.com/pod-product-compliance
Ingram Content Group UK Ltd.
Pitfield, Milton Keynes, MK11 3LW, UK
UKHW032037260826
14628UKWH00007B/3021

9 782019 703981